BORBO FANTE

Texto de **Angela Leite de Souza**
Ilustrações de **Odilon Moraes**

A borboleta Luiza não é uma qualquer, tem personalidade. Sua mãe chama isso de *trique-triques*. Por exemplo, ela só pousa em flores que combinam com o azul-turquesa de suas asas. E também não gosta de voar no meio das árvores, por medo de esbarrar em alguma teia de aranha e despentear suas lindas anteninhas.

Acho que é por isso que ela se dá tão bem com sua amiga Laetitia, uma borboleta de família muito tradicional, os Monarcas, que preferem escrever os nomes de seus membros em latim. (Latim é uma língua antiga que quase ninguém fala mais.) Ainda bem que a gente pode chamá-la de Letícia mesmo.

Como eu ia dizendo, as duas são inseparáveis. Mal o sol aparece, com seu pijama cor de abóbora, lá no fim do mundo, elas se espreguiçam, bocejam, esticam as pernas e, de asas dadas, saem para tomar o café da manhã. No caso de borboletas, umas gotinhas de néctar de flor bastam...

A vida delas ia passando assim – voar, pousar, tomar néctar, voar, dormir, acordar... –, até o dia em que Luiza comentou com Letícia:

– Essa nossa rotina está me deixando cansada, cê sabe, né?

Letícia não sabia, não... nem mesmo o que quer dizer *rotina*.

– Rotina é isso que a gente faz todo dia, sempre igual – Luiza explicou com toda a paciência.

– Mas o que é que a gente pode fazer para sair dessa *cortina*? – perguntou Letícia...

– Não é cortina, Lê, é ro-ti-na. Eu não sei o que fazer, só sei que precisamos dar um jeito, porque borboletas vivem pouco tempo, cê sabe, né?

– De uma coisa eu tenho certeza: quem nasce na família dos Monarcas tem uma vida bem comprida e cheia de aventuras – lembrou Letícia, com ar superior.

– Então, amiga, quero ir me aventurar com você e seu pessoal!

– Bem, nós temos de esperar a chegada do inverno, que é quando meu povo viaja para as terras onde é verão.

Estavam as duas nesse papo, pousadas no ramo de uma amoreira, sacudindo animadamente as asas, azuis e alaranjadas, quando, de repente, sentiram uma baita lufada de ar quente. Que susto, coitadas! Elas nem conseguiram levantar voo, de medo.

E era apenas o elefante Vítor, que queria dar o passeio de sempre com suas velhas amigas até a lagoa.

– Puxa, cara, você quase nos matou! – exclamou Luiza. – E eu tenho um coração muito fraquinho, cê sabe, né?

– Não sabia, não, me perdoe – ele respondeu. – É que entrou um mosquito na minha tromba e eu tive de espirrar bem na horinha que estava chegando perto de vocês...

– Tá bem, Vivi, tá perdoado. Além do mais, nós estávamos muito distraídas, pensando num jeito de sair da rotina.

– Que *cortina*?

– Ai, amigo, você também não sabe?

Desta vez, foi Letícia quem explicou aquela palavra, e ele ficou calado, pensando. Depois falou:

– Bom, meninas, eu não sei que ideias posso dar a vocês, porque minha vida é ainda mais sem graça. Fico muito tempo quieto, com minha família. De vez em quando, arranco um tufo de capim, mastigo, mastigo, depois vamos beber água e tomar banho... nunca aparece uma novidade...

Luiza e Letícia adoram passear pousadas no amigo, principalmente quando ficam cansadas de voar. Então, conversando com ele sobre aquele novo problema, prosseguiram os três, no famoso passo do elefantinho – bamboleante e sem pressa.

O grande sonho de Vítor é poder voar, como suas amigas, ou como um tal de Dumbo, que vive numa tal de Disneylândia. A verdade é que ele é um elefante com alma de borboleta, todo cheio de delicadezas, como costumam dizer as fêmeas da sua manada.

Um dia ele socorreu a besoura Denise, que tinha pousado distraidamente na gosma de uma planta e ficou grudada, berrando *bzzzzzs* muito aflitos.

Com o maior cuidado para não esmagar a pobre, foi ajudando-a a se desprender, sugando-a devagarinho com a tromba. Denise, sã e salva, jurou:
— Vou besourar você para o resto da vida!
Vítor está até agora sem saber se isso é bom ou ruim...

– Pois eu queria ser forte e calmo como você, Vítor – falou Luiza, interrompendo as lembranças do amigo. – Deve ser uma delícia tomar banho de chuveiro toda hora... E você já nasceu com ducha própria. E também deve ser bom não ter medo de bicho nenhum, porque você é *mais grande* que todos.

– *Mais grande* não, *maior* – corrigiu Letícia depressa, para não perder a oportunidade de mostrar que também sabia das coisas.

– Ah, mas acontece que, sem querer, eu acabo matando uma porção de bichinhos pequenos todo dia. Às vezes, eu piso numa caravana inteira de formigas sem querer...

– É, mas eu já reparei como você pisa de levezinho, olhando pro chão, preocupado em não esmagar ninguém – lembrou Luiza.

E isso era verdade. Poucos dias antes, ele tinha esmigalhado um escorpião – o que não era de todo uma pena.

Mas, quando percebeu que havia cometido um assassinato, não conseguiu segurar a lágrima que rolou do seu olho e quase ia provocando novo desastre: caiu pertinho da minhoca Paola, que estava deitada numa folha, se bronzeando. Quando viu aquela onda salgada pronta para engoli-la, Paola se lembrou da música que sua avó vivia cantando – "o sertão vai virar mar / e o mar vai virar sertão" – e fugiu apavorada para dentro do primeiro buraco que encontrou, numa velocidade impressionante para quem não tem pernas. Por sorte, o elefante só ficou sabendo desse quase afogamento mais tarde, pelo ouriço Maurício, que tinha assistido à cena e queria dividir com alguém sua fama de mau.

Luiza provavelmente tinha também se lembrado de tudo isso, porque estava agora dizendo:

– Dizem que existe uma tal de lei da natureza, cê sabe, né? Pois é, ela manda os mais fortes vencerem os mais fracos, o maior comer o menor, e por aí afora, porque senão o mundo ia ficar cheio demais de bichos. Nós, borboletas, que somos do time dos fracotes, temos de ter cuidado pra não sair fora do jogo antes da hora.

– Estando comigo, vocês não correm perigo! – disse Vítor, todo prosa por sua força e todo poesia por ter rimado *comigo* e *perigo*.

Àquela altura, tinham chegado à beira da lagoa, onde estavam muitos outros amigos se divertindo com as piadas do Clóvis, o sapo mais imaginoso, intrigante e gozador daquelas paragens. Aliás, Luiza era amicíssima da rãzada que morava ali. Por isso, foi logo pedindo em ranzês perfeito:

– Ô Clóvis, conta pros meus amigos aqui aquela do tomate que foi atravessar a rua sem prestar atenção e virou ketchup!

– Ué, sua bobona, contar o quê, se você já contou tudo? – foi a resposta do Clóvis, seguida de uma gargalhada geral.

A borboleta não deu a asa a torcer:

– Tá vendo como tinha graça? Todo mundo riu!

Estavam tão distraídos, que nenhum dos bichos percebeu quando a terra começou a tremer.

Daí a pouco, um tufão os envolveu: árvores passavam voando, as montanhas rachavam, pedras enormes rolavam como se fossem bolinhas de gude... Entre os animais, uma confusão. Com Luiza e Letícia firmemente agarradas nos pelos das suas orelhas, Vítor, apavorado, arregalava os olhos para aquela mistura de pernas, trombas, rabos, dentes e patas, e não conseguia mais entender se os seus amigos estavam de cabeça para baixo ou se ele é que estava de pernas para o ar. Ainda por cima, desabou uma tempestade, a lagoa transbordou e foi engolindo tudo em volta.

As borboletas sentiram que estavam sendo levadas pelo furacão e que a luz do sol estava se apagando. A última coisa que Luiza viu foi o amigo rodopiando como se fosse uma pluma. As orelhas flutuavam no espaço, parecendo duas asas enormes, e ela, vendo isso, ainda teve tempo de descobrir que, afinal, de um jeito ou de outro, o elefante tinha se tornado uma borboleta gigante.

E foi só. Escuridão total. Silêncio completo.

Uma brisa suave acariciava seu corpo. Sentia um calor gostoso, percebia aos poucos cheiro de mato, perfumes de muitas flores, barulhinhos de folhas roçando umas nas outras, pios e cantos de pássaros. Luiza foi abrindo seus minúsculos olhos bem devagar, porque a claridade era forte. Quis espreguiçar e não conseguiu. Notou, então, que metade de suas asas e do corpo ainda estava presa numa espécie de saco de dormir. Com jeito, foi saindo de dentro dele e logo estava esvoaçando por aquele paraíso.

Pouco depois, escutou:

– Psiu!

Letícia vinha chegando, com o mesmo colorido de sempre – laranja com debrum preto –, só que mais vivo e mais brilhante.

– Acho que acabei de nascer de novo, cê sabe, né? – exclamou Luiza, maravilhada de reencontrar a amiga. – Como você está bonita, menina!

– Você também está demais, Lu, nunca vi esse seu azul assim tão... azul!

– E eu, o que vocês acham?

As duas viraram-se espantadas para ver de quem era aquela voz que vinha de uma das centenas de margaridas em volta. Era uma borboleta grandona e cinzenta, cheia de lindos desenhos pretos nas asas peludas.

30

– Vítor!!!! – exclamaram as duas ao mesmo tempo, reconhecendo seu sorriso no novo colega.

– Pois é, amigas, até pensei que estava sonhando porque, afinal, consegui realizar o meu maior desejo. Mas agora, vendo vocês, descobri que estou bem acordado e não quero desperdiçar nem mais um minuto desta minha nova vida.

Dizendo isso, Borbofante estendeu suas asas a Borbolu e Borbolê, e lá se foram voando sobre aquele mar de flores que não tinha fim. Já iam longe, quando ainda se ouviu uma voz muito conhecida dizer:
– As borboletas vivem muito mais que os elefantes, cê sabe, né?

Dados Internacionais de Catalogação na Publicação (CIP)
(Câmara Brasileira do Livro, SP, Brasil)

Souza, Angela Leite de
  Borbofante / texto de Angela Leite de Souza ; ilustrações de Odilon Moraes. – São Paulo : Paulinas, 2014. – (Coleção magia das letras. Série letras & cores)

  ISBN 978-85-356-3698-7

  1. Literatura infantojuvenil I. Moraes, Odilon. II. Título. III. Série.

14-01536 CDD-028.5

Índices para catálogo sistemático:
1. Literatura infantil   028.5
2. Literatura infantojuvenil   028.5

1ª edição – 2014

Direção-geral: *Bernadete Boff*
Editora responsável: *Maria Goretti de Oliveira*
Assistente de edição: *Milena Patriota de Lima Andrade*
Coordenação de revisão: *Marina Mendonça*
Copidesque: *Ana Cecilia Mari*
Revisão: *Sandra Sinzato*
Gerente de produção: *Felício Calegaro Neto*
Produção de arte: *Jéssica Diniz Souza*

Nenhuma parte desta obra pode ser reproduzida ou transmitida por qualquer forma e/ou quaisquer meios (eletrônico ou mecânico, incluindo fotocópia e gravação) ou arquivada em qualquer sistema ou banco de dados sem permissão escrita da Editora. Direitos reservados.

Paulinas
Rua Dona Inácia Uchoa, 62
04110-020 – São Paulo – SP (Brasil)
Tel.: (11) 2125-3500
http://www.paulinas.org.br – editora@paulinas.com.br
Telemarketing e SAC: 0800-7010081
© Pia Sociedade Filhas de São Paulo – São Paulo, 2014